1 Ernährung bei Leber - Blut-Mangel

Diese Empfehlungen bitte immer mit dem TCM-Ernährungsberater/in, oder TCM-Arzt/in absprechen! Die Rezepte und Zutatenlisten unterstützen die Therapien nach der Traditionellen Chinesischen Medizin.

Die Kalorienangaben frischer Zutaten (Obst und Gemüse) schwanken je nach Qualität und Erntezeit. Die Inhalte wurden von einer Diätologin und einer Ernährungsberaterin für die Traditionelle Chinesische Medizin (TCM) geprüft.

Autor:
©2016 Josef Miligui
www.ebns.at

AF211684

Titelfoto:
©2008 Erika Weixlbaumer

Quelle:
Die Listen werden aus der TCME-Datenbank für die Ernährungsberatung generiert. Die Datenbank wird von Ernährungsberater, Therapeuten, Ärzte und Gastronomiebetrieben für die Beratung der Patienten/Klienten und Gästen verwendet.

Literaturliste:
Wir haben die Unterlagen als Wissensbasis genutzt und an unsere Erfahrungen angepasst und ergänzt.
http://ebns.at/index.php/de/datenbank/literaturliste

Herstellung und Verlag:
BoD – Books on Demand, Norderstedt

ISBN
978-3-8423-7831-5

2 Definition der möglichen Symptome

Befragen

Allgemein

Oft nach Geburt und langen Erkrankungen

Schwindel bei schnellen Bewegungen, Muskelschwäche und -krämpfe, unscharfes Sehen, trockene Nägel

Energie

Müdigkeit, durch Liegen, Schlaf besser

Gewicht

Abgemagert

Körper

Einschlafen der Extremitäten

Lebensgewohnheiten

Schlechte Ernährung

Psyche

Depressiv, Heulsuse

Verhärmt

Schlafgewohnheit

Schlafstörungen

Sehen

Unscharfes Sehen, schwarze Flecken

Stuhl

Trockener Stuhl

Betrachten

Haut

Trockene Haut

Dünnhäutig

Körper

Haut, Haare, Nägel: blass, trocken, rissig

Pulsdiagnostik

Puls

Dünn, rauh

Traditonelle Diagnose

Allgemein

Hypomenorrhö, Amenorrhö

Zungendiagnostik

Zunge

Dünn Scheibchenzunge, blass, trocken, besonders Ränder sind blass - orange, rot und Risse -

3   Therapiestrategie

Blut nähren, Mitte und Nieren Qi stärken, Leber harmonisieren. - heiß - NEIN, kalt - NEIN, sauer -WENIG, warm - WENIG (bitter NEIN, süß JA), neutral und erfrischend JA

4   Vermeiden

Rotwein, Alkohol, Schwarztee, grüner Tee, Yogitee, Mineralwasser, Gegrilltes, Geräuchertes, Frittiertes, scharfe heiße Gewürze, zu viel Salz, Südfrüchte, Eiskaltes, Zucker, Meeresfische außer Calamari, Karpfen.

5   Speiseplan

Kalorien

5.1 Frühstück

Baby Gemüsebrei 161
Bärlauch-Pesto 795
Dicke Erbsensuppe für den Winter 123
Frischkäseersatz 526
Geröstete Hirse mit Stangensellerie 400
Geröstete Nüsse 973
Gerstenschrotsuppe 265
Hirse mit Ei und Butter 338

5.2 Jause

5.3 Mittag

5.4 Nachmittag

5.5 Abend

5.6 Jederzeit

6 Rezepte

empfehlenswert = Sie können mehr verwenden, weniger = wenn
möglich weniger verwenden.
TL=Teelöffel, EL=Esslöffel, L=Liter, g=Gramm
M=Metall, W=Wasser, H=Holz, F=Feuer, E=Erde.
(Die Kochanleitung nach den Elementen finden Sie im Kapitel
„Rezepte" am Ende des Buches.)

6.1 Acht Schätze Reis

Stärkt Niere und Blase, Baut Qi auf, Stärkt die Milz, Vertreibt
Feuchtigkeit, reduziert innere Hitze, beugt Krebs vor, baut Herz auf,
beruhigt Nerven.
Kalorien p. Portion 212
Kochdauer ca. 1 Stunde
Thermische Wirkung: neutral

Menge	Zutaten		
1 EL	Lilienzwiebel	empfehlenswert	
1 EL	Longane	ja	
1 EL	Weißwurz		
1 EL	Yamswurzel, Yamswurzelknolle		
1 EL	Hiobsträne (Samen) YiYi Ren	ja	
1 EL	Makannasternsamen		
2 Tassen	Reis Wilder (Naturreis)	ja	M
8-10 Tassen	Wasser	ja	E

Kochanleitung:
Je 1 EL: Bai He (Lilienzwiebel), Longan
(Longane/Drachenaugenfrucht), Yu Zhu (Wohlriechender Weißwurz-
Wurzelstock), Da Zao, Shan Yao (Yamswurzel, Yamswurzelknolle),
Lian Mi, Yi Yi Ren (Samen der Hiobsträne), Qian Shi
(Makannasternsamen)

Mit heißem Wasser übergießen und ca. 30 Min einweichen.
Anschließend: 1 – 2 Tassen Reis (normal) hinzufügen und ½ bis 1
Stunde köcheln, bis der Reis sehr weich ist. Oder: Mit Vollwertreis ca. 3
Stunden lang mit den Kräutern ein Congee kochen. Dann müssen die
Kräuter nicht eingeweicht werden.

6.2 Artischockensuppe

kühlt Hitze, nährt Herz, Magen und Lungen Yin
Kalorien p. Portion 142
Kochdauer ca. 40 min. (+Grundrezept)
Thermische Wirkung: kühl

Menge	Zutaten		
4 Stück	Artischocke	ja	F
1 EL	Butter Bio	ja	E
1 Stück	Zwiebel Schalotte	wenig	M
1 EL	Mais Mehl (Maizena)		E
1 Prise	Muskatnuss	wenig	M
1/4 Liter	Grundrezept für eine Gemüsebrühe nahrhaft		
1 Prise	Salz	ja	W
1/4 Stück	Zitrone	empfehlenswert	H

1/4 Stück	Zitrone Schale		F
1 Prise	Kurkuma (Gelbwurz)		F
1 EL	Sesam Paste (Tahini)	empfehlenswert	E
1 TL	Sesam, Weißer	empfehlenswert	E

Kochanleitung:

Artischocken in gut 2 Liter Wasser mit Salz kochen bis die Aussenblätter leicht abgehen. Blätter und Blütenmitte (Faserig) entfernen so dass nur der Boden übrigbleibt.

Butter zerlassen, Zwiebel klein schneiden und sanft dünsten; etwas Maismehl, Muskat zugeben; mit Gemüsebrühe aufgießen; Salz, etwas Zitronenschale und -saft, Kurkuma und Artischockenböden hinzufügen, weich kochen und pürieren; am Ende mit Tahin abschmecken und vor dem Servieren mit Sesam bestreuen.

6.3 Baby Gemüsebrei

Stärkt Milz und Leber, reguliert Qi-Fluss, befeuchtet, entspannt, baut Qi auf, verteil, lindert Entzündungen, befeuchtet, entspannt. Stärkt Qi, Blut und Jing, Mittleren Erwärmer, stärkt Essenz, bewahrt die Säfte, zieht zusammen.

Kalorien p. Portion 161
Kochdauer ca. 20 Min.
Thermische Wirkung: neutral

Menge	Zutaten		
1 Stück	Kartoffel	ja	E
100 g.	Karotte (Frühkarotte)	ja	E
30 g.	Huhn Fleisch	empfehlenswert	H
1 EL	Butter Bio	ja	E

Kochanleitung:

Die Kartoffel waschen und ungeschält in einen kleinen Topf legen. Mit wenig Wasser bedeckt zum Kochen bringen, dann die Kartoffel bei schwacher Hitze in 15-20 Minuten garen.

Inzwischen die Karotten waschen, putzen, schälen und in etwa 2 cm große Stücke schneiden. Mit 3 Esslöffeln Wasser und dem Fleisch in einem Topf etwa 15 Minuten dünsten.

Die Karotten und das Fleisch mit einem Pürierstab fein zerkleinern. Die Butter dazugeben und alles pürieren.

(Wechseln Sie immer wieder die Gemüsesorte: Kohlrabi, Zucchini, Pastinaken)

6.4 Bärlauch-Pesto

Bewegt Qi, entgiftet, baut Blut auf, befeuchtet Lunge und Dickdarm.
Kalorien p. Portion 795
Kochdauer ca. 10 Min.
Thermische Wirkung: warm

Menge	Zutaten		
125 g.	Bärlauch (Knoblauchspinat)		M
30 g.	Parmesan	ja	E
50 g.	Pinienkerne	ja	E
125 g.	Olivenöl	wenig	E
1 Prise	Salz	ja	W
1 Prise	Pfeffer (gemahlen)	weniger als angegeben	M

Kochanleitung:
Frischer Bärlauch: Waschen Sie die Bärlauchblätter und trocknen sie
diese vorsichtig ab. Schneide die Bärlauchblätter in feine Streifen.
Getrockneter Bärlauch: ca. 80g in 40g Wasser 10 Minuten quellen
lassen.
Röste Sie vorsichtig die Pinienkerne. Die Pinienkerne sollten nach dem
Rösten hellbraun sein. Schneide die Pinienkerne mit einem großen
Messer sehr fein oder reiben sie sie mit einer Nussmühle. Einige der
Kerne aufheben, um später das Pesto zu dekorieren.
Alle Zutaten in ein hohes Gefäß geben und mit einem Mixstab
zerkleinern und vermischen.
Füllen Sie das Pesto in eine Schüssel oder in ein Glas.
Im Kühlschrank hält sich das Pesto eine Weile (Tage bis Wochen) und
ist daher eine Möglichkeit, Bärlauch haltbar zu machen.
Man kann Bärlauch-Pesto als Soße zu Spaghetti essen, aber auch zu
Kartoffeln oder auf Brot schmeckt es gut.

6.5 Basmatireis + Zucchini-Tofupfanne

Diuretisch, wandelt Schleim um, reduziert Hitze, baut Qi auf. Nährt
Säfte, harmonisiert Milz und Magen, stärkt Lungen Qi.
Kalorien p. Portion 145
Kochdauer ca. 20 min.
Thermische Wirkung: kühl

Menge	Zutaten		
250 g.	Soja Tofu	ja	E
2 EL	Olivenöl	wenig	E
1/2 TL	Koriander	empfehlenswert	M
1/2 TL	Ingwer frisch	wenig	M
1/2 Tasse	Reis Basmatireis	ja	M
3 Tassen	Wasser	ja	E
1 Stück	Zucchini	ja	E

Kochanleitung:
Tofu würfelig schneiden und mit Olivenöl, Tamari, zerstoßenem
Koriander und Ingwer marinieren. Mindestens 1 Stunde ziehen lassen.

Basmatireis mit dem Wasser kochen. Eventuell mit Zwiebel und
Kardamom würzen.
Zucchini und Tofu in Pfanne im heißem Öl ca. 5-7 min anrösten.
Reis und Tofu mit Zucchini getrennt auf Teller servieren.
Petersilie dazugeben.

Kann kalt auch als Salat für zuhause und unterwegs genommen
werden.

6.6 Bitzschnelle Zucchinisuppe

Reduziert Schleim, bewahrt die Säfte, kühlt Leberhitze, stärkt Magen
Qi.
Kalorien p. Portion 41
Kochdauer ca. 10 min
Thermische Wirkung: kühl

Menge	Zutaten		
2-3 Stück	Zucchini	ja	E
1 Stück	Zwiebel weiss	wenig	M
2 EL	Maiskeimöl		E
1 EL	Petersilie	empfehlenswert	H
1 TL	Lauchzwiebel Schnittlauch	wenig	M
1/2 Liter	Wasser	ja	E

Kochanleitung:
Gehackte Zwiebel in Öl andünsten. In Scheiben geschnittene Zucchini
dazugeben und gut andünsten. Mit Wasser aufgießen. Petersilie und
Schnittlauch grob hacken, hinzufügen und alles pürieren.

6.7 Dicke Erbsensuppe für den Winter

Nährt Qi, diuretisch, harmonisiert Qi (v.a. im Mittleren und Unteren
Erwärmer). Stärkt die Niere und das Abwehr-Qi; erwärmt. Leitet
Feuchtigkeit aus.
Kalorien p. Portion 123
Kochdauer ca. 2-3 Stunden
Thermische Wirkung: warm

Menge	Zutaten		
150 g.	Erbse, grün	ja	W
600 ml.	Wasser	ja	E
1 EL	Sesamöl	ja	E
1/2 Stück	Zwiebel weiss	wenig	M

1/2 TL	Ingwer frisch	wenig	M
1/2 TL	Kümmel	wenig	E
1 EL	Hafer Schrot	wenig	M
1 Prise	Salz	ja	W
1 Stängel	Petersilie	empfehlenswert	H

Kochanleitung:

Erbsen vorher einweichen; in einem heißen Topf Sesamöl, Zwiebel, etwas Haferschrot, Ingwer und Kümmel andünsten; Erbsen zugeben und 2-3 Stunden köcheln; am Schluss Salz zugeben; mit Petersilie garnieren.

6.8 Fenchel mit gerösteten Walnüssen

Reguliert Qi, wärmt das Innere, senkt Kälte ab, stärkt Magen, lindert Obstipation, stärkt Nieren und Milz Yang, löst Schleim, reduziert Wind, verteilt. Zerstreut und bewegt Qi, befeuchtet, reduziert Kälte-Übel, weicht Knoten auf. Stärkt Magen-Qi.
Kalorien p. Portion 342
Kochdauer ca. 20 Min.
Thermische Wirkung: warm

Menge	**Zutaten**		
4 Stück	Fenchel	ja	E
1 Prise	Muskatnuss	wenig	M
1/2 TL	Ingwer frisch	wenig	M
1 Prise	Salz	ja	W
1/8 Liter	Weißwein	ja	H
1 Prise	Rosenpaprika Pulver		F
2 EL	Olivenöl	wenig	E
2 EL	Walnüsse	empfehlenswert	E
2 Tassen	Wasser	ja	E
1 Tasse	Mais Grieß (Polenta)	ja	E
1 Prise	Salz	ja	W

Kochanleitung:

In einem Topf ganz wenig Wasser erhitzen; Fenchel in Streifen geschnitten kurz andünsten; Muskat, etwas Ingwer gerieben, Salz, einen Schuß Weißwein, Rosenpaprika dazugeben; dünsten, bis das Gemüse gar, aber noch knackig ist; etwas Olivenöl unterrühren; mit gerösteten Walnüssen bestreuen.

Die Polenta in einen Topf mit heißem Wasser unter ständigem Rühren einrieseln bis die Polenta die gewünschte Konsistenz hat. Salzen.
Die Polenta vom Feuer ziehen und ca 10 min quellen lassen.

6.9 Fenchel-Kartoffel-Auflauf

Reguliert Qi, wärmt das Innere, senkt Kälte ab, stärkt Magen, lindert Obstipation, stärkt Yang, löst Schleim, reduziert Wind, verteilt. Stärkt Qi, stärkt Milz, entspannt, baut Qi auf, verteilt.
Kalorien p. Portion 137
Kochdauer ca. 1 Stunde
Thermische Wirkung: warm

Menge	Zutaten		
200 g.	Fenchel	ja	E
125 g.	Kartoffel	ja	E
100 ml.	Wasser	ja	E
1 TL	Butter Bio	ja	E
2 TL	Reismehl	ja	M
1 TL	Sahne sauer 10%		H
1 Prise	Salz	ja	W
1 Prise	Zucker Ursüße (Zuckerrohr)	weniger als angegeben	E
1 Stück	Huhn Eigelb	empfehlenswert	E
1 Prise	Pfeffer Cayenne	weniger als angegeben	M
1 Prise	Muskatnuss	wenig	M
1 TL	Petersilie	empfehlenswert	H
1 TL	Lauchzwiebel Schnittlauch	wenig	M
1 TL	Parmesan	ja	E
1 TL	Butter Bio	ja	E

Kochanleitung:
Pellkartoffeln kochen, abkühlen lassen und schälen. Fenchel waschen, Stiele abschneiden und evtl. äußere Blätter entfernen.
Fenchelgrün zurückhalten und später mit den anderen Kräutern zur Soße geben. Fenchelknollen ca. 15 – 20 Minuten dünsten. Danach Kartoffeln und Fenchel in Scheiben schneiden und schichtweise in eine gefettete Auflaufform geben.100ml. Flüssigkeit aus Fenchelbrühe zum Kochen bringen und mit Mehl binden. Mit Meersalz, Cayennepfeffer, Zucker, Muskat und saurer Sahne abschmecken. Abkühlen lassen und mit Eigelb legieren. Die Soße über den Auflauf verteilen, mit Parmesan und fein gehackter Petersilie und Schnittlauch bestreuen. Alles bei ca. 200° C im Backofen eine halbe Stunde überbacken.

6.10 Frischkäseersatz

Kühlt Hitze, hält Säfte, baut Blut und Yin auf.
Kalorien p. Portion 526
Kochdauer ca. 20 Min.
Thermische Wirkung: kühl

Menge	Zutaten		
1 Liter	Sojabohnenmilch	ja	E
1 Stück	Zitrone	empfehlenswert	H
2 EL	Kräuter verschiedene	ja	
6 Scheiben	Vollkornbrot		H

Kochanleitung:

Sojamilch in einen Topf geben und unter gelegentlichem Rühren (brennt leicht an!) zum Kochen bringen, abkühlen lassen.

Zitrone auspressen und leicht unter die abgekühlte Sojamilch (ca. 80°C) rühren, ca. 20 min. ruhen bzw. gerinnen lassen.

Geronnene Sojamilch durch ein mit dem Geschirrtuch ausgelegtes Sieb schütten, Flüssigkeit ablaufen lassen und danach Restflüssigkeit mit dem Geschirrtuch auspressen.

Nach Geschmack mit frischen Kräutern verfeinern.

Dazu Vollkornbrot servieren.

6.11 Gelbe Linsensuppe

Reduziert innere Hitze und Feuchtigkeit, weicht auf, leitet nach unten. Bewegt Qi und Blut, diuretisch, reduziert Feuchtigkeit. Stärkt Milz und Leber, reguliert

Qi-Fluss, baut Qi auf.

Kalorien p. Portion 155

Kochdauer ca. 20 min.

Thermische Wirkung: neutral

Menge	Zutaten		
1/2 Kg.	Linsen gelb	wenig	W
2 Stück	Karotte (Mohrrübe, Möhre)	ja	E
1 Stück	Kohlrabi	wenig	E
1 Stück	Zwiebel weiss	wenig	M
1/2 Bund	Petersilie	empfehlenswert	H
1 Prise	Kurkuma (Gelbwurz)		F
1 Prise	Kardamom		M
1 Prise	Salz	ja	W
1 EL	Olivenöl	wenig	E
1 Liter	Wasser	ja	E
1/2 Stück	Zitrone Saft	empfehlenswert	H
7 Scheiben	Weißbrot (Weizenbrot)		H

Kochanleitung:

Linsen gut in einem Sieb waschen. In einem Topf Öl erhitzen. Fein geschnittene Zwiebel, in Scheiben geschnittene Karotten, in Würfel geschnittenen Kohlrabi und Gewürze kurz anbraten und salzen. Linsen dazu geben und mit Wasser bedecken und 20 Min köcheln lassen. Nach Bedarf Wasser dazu geben und mit Salz abschmecken. Mit frischer Petersilie oder frischem grünen Koriander bestreuen und

mit Zitronensaft beträufeln.
Hier kann man auch rote Linsen verwenden. (gleiche Kochzeit).
Mit Weißbrot servieren.

6.12 Geröstete Hirse mit Stangensellerie

Stärkt Milz und Niere, diuretisch. Bewegt Leber-Qi, kühlt Hitze,
befeuchtet, entspannt, baut Qi auf, verteilt.
Kalorien p. Portion 400
Kochdauer ca. 30
Thermische Wirkung: kühl

Menge	Zutaten		
1 Tasse	Hirse	empfehlenswert	E
2 Tassen	Wasser	ja	E
2 Stangen	Sellerie Stangensellerie	ja	E
2 EL	Wasser	ja	E
1 EL	Kräuter verschiedene	ja	
1 Prise	Salz	ja	W
3-4 Blätter	Salbei	ja	F
1 TL	Kresse	ja	M

Kochanleitung:
Hirse kurz anrösten, mit Wasser übergießen kurz aufkochen und 20
min. quellen lassen.

Stangensellerie klein schneiden und mit Wasser, Salz und frische
Kräuter 10 min. kochen und zu der Hirse geben. Frischen Salbei oder
Kresse kleingehackt drüberstreuen.

6.13 Geröstete Nüsse

Stärken Nieren-Qi, -Essenz und Gehirn, stärkt Niere, baut Essenz auf,
wärmt Lunge, befeuchtet den Darm, befeuchtet, entspannt, baut Qi auf,
verteilt.
Kalorien p. Portion 973
Kochdauer ca. 5 Min.
Thermische Wirkung: neutral

Menge	Zutaten		
100 g.	Haselnüsse	empfehlenswert	E
100 g.	Cashewnüsse	ja	E
100 g.	Walnüsse	empfehlenswert	E

Kochanleitung:
Nüsse in einer Pfanne ca. 5 Minuten rösten.

6.14 Gerstenschrotsuppe

Wirkt neutral bis leicht erwärmend und entspannt den Qi-Fluss. Hilft bei Appetitlosigkeit und Durchfall durch Milz-Schwäche. Bei schwachem Milz-Qi sollte man häufig salzige Suppen zum Frühstück essen.
Kalorien p. Portion 265
Kochdauer ca. 30 Min.
Thermische Wirkung: kühl

Menge	Zutaten		
1 Tasse	Gerste	empfehlenswert	E
1 Prise	Salz	ja	W
1/2 TL	Ingwer frisch	wenig	M
1 EL	Olivenöl	wenig	E
3 EL	Petersilie	empfehlenswert	H
2 Tassen	Wasser	ja	E

Kochanleitung:
Gerste in der Pfanne trocken rösten, anschließend zu Schrot mahlen und mit Wasser, etwas Salz und Ingwer zu einem Brei kochen. Vor dem Servieren Öl und Petersilie unterheben.

Variante: Man kann dem Gericht noch einen besseren Geschmack verleihen, wenn man es mit vorbereiteter Gemüse- oder Fleischbrühe kocht.

6.15 Geschnetzeltes Huhn mit Walnüssen und Sherry

Erwärmend und nährend, leitet das Qi nach oben. Stärkt Blut, Milz und Niere.
Kalorien p. Portion 304
Kochdauer ca. 25 Min.
Thermische Wirkung: warm

Menge	Zutaten		
2 EL	Butter Bio	ja	E
2 EL	Walnüsse	empfehlenswert	E
1/2 TL	Ingwer frisch	wenig	M
2 Stück	Zwiebel Schalotte	wenig	M
1 Prise	Salz	ja	W
300 g.	Huhn Fleisch	empfehlenswert	H
1 Prise	Rosenpaprika Pulver		F
1 TL	Sesam, Weißer	empfehlenswert	E
4 Stück	Schwarzer Fungu Pilz		E
4 Stück	Shiitake, getrocknet	ja	E
1 Schuß	Sojasauce	wenig	W
1 Tasse	Reis Vollkorn	ja	M
6 Tassen	Wasser	ja	E
1 Prise	Salz	ja	W

Kochanleitung:
In einer heißen Pfanne Butter oder Sesamöl erhitzen; Walnüsse, reichlich geriebenen Ingwer, kleingeschnittene Schalotten oder Zwiebeln sanft anbraten; Salz und das geschnetzelte Huhn dazugeben und rundum anbraten; Rosenpaprika, gerösteten Sesam, eingeweichter schwarze Fungu, Shiitakepilze oder Champignons dazugeben; mit einem Schuß Sherry ablöschen; 5 - 10 Minuten köcheln lassen, bis das Fleisch gar ist; mit Sojasoße abschmecken.

Den Reis im gesalzenen Wasser zustellen, aufkochen lassen und bei kleiner Hitze ca. 15 Min. Quellen lassen.

Dazu passt: Feldsalat, Radicchio

6.16 Grundrezept für eine Entenbrühe

Stärkt Qi, Blut und Säfte, nährt Yin, stärkt Magen, kühlt Hitze. Stärkt Milz und Leber, bei Kindern: fördert Wachstum (v.a. des Gehirns).
Kalorien p. Portion 61
Kochdauer ca. 2-3 Stunden
Thermische Wirkung: kühl

Menge	Zutaten			
1/2 Liter	Wasser		ja	E
200 g.	Ente (Herz)			H
100 g.	Ente (Frühmastente, schlachtfrisch)	empfehlenswert		H
2 Stück	Karotte (Mohrrübe, Möhre)		ja	E
1/2 Stück	Sellerie Knolle		ja	E

Kochanleitung:
Entenklein mit Gemüse 2-3 Stunden köcheln. Brühe durch ein feines Tuch sieben und im Kühlschrank aufbewahren.

Variante: Die Innereien können weiterverwendet werden: Man schneidet sie fein und lässt sie einige Minuten mit frischem Gemüse in der Brühe ziehen. Vor dem Servieren mit Petersilie bestreuen.

6.17 Grundrezept für eine Hühnerbrühe wärmend

Stärkt Qi und Blut; ist sehr wärmend.
Kalorien p. Portion 89
Kochdauer ca. 2-3 Stunden
Thermische Wirkung: warm

Menge	Zutaten		
1/2 Stück	Huhn Fleisch	empfehlenswert	H
2 Stück	Karotte (Mohrrübe, Möhre)	ja	E
1 Stange	Lauch (Porree)	wenig	M
1 Stück	Sellerie Knolle	ja	E
2 Scheiben	Ingwer frisch	wenig	M
1 TL	Bockshornklee		F
1 TL	Wacholderbeere	weniger als angegeben	F
3 Stück	Lorbeerblatt		M
1 Liter	Wasser	ja	E

Kochanleitung:

Hühnerteile vom Fett befreien, in einem Topf mit heißem Wasser geben und kurz aufkochen lassen, entstehenden Schaum abschöpfen. Grob geschnittenes Gemüse und alle Gewürze zugeben und 2 – 3 Stunden bei mittlerer Hitze kochen. Fertige Suppe abseihen. Gemüse und Knochen wegwerfen.

Tipp: Wenn Sie das Fleisch als Suppeneinlage weiter verwenden möchten, nach 45 Minuten rausnehmen und nur die Knochen in die Suppe zurückgeben.

6.18 Grundrezept für eine Rinderbrühe (klar)

Stärkt Qi und Yang; ist sehr erwärmend.
Kalorien p. Portion 114
Kochdauer ca. 4-8 Stunden
Thermische Wirkung: warm

Menge	Zutaten		
500 g.	Rind Suppenfleisch		E
200 g.	Rind Fleischknochen	ja	E
1 Schuß	Essig (Rotweinessig)		H
8 Stück	Wacholderbeere	weniger als angegeben	F
1 Prise	Rosmarin	wenig	F
3 Stück	Karotte (Mohrrübe, Möhre)	ja	E
2 Stück	Pastinake	ja	F
1 Stück	Lauch (Porree)	wenig	M
1/2 TL	Ingwer frisch	wenig	M
1 Stiel	Liebstöckel	weniger als angegeben	M
2 Stück	Nelke	wenig	M
6 Stück	Piment	weniger als angegeben	M
2 Stück	Anis (gemeiner Fenchel)	wenig	E
1 TL	Salz	ja	W
1 1/2 Liter	Wasser	ja	E

Kochanleitung:

Wasser, einen Schuß Rotweinessig, einige Wacholderbeeren, etwas Rosmarin, Knochen und Fleisch zum Kochen bringen; Karotte, Pastinake, etwas Lauch, Ingwer, Liebstöckelgrün, Nelke, Piment,

Sternanis und etwas Salz hinzufügen; alles 4-8 Stunden köcheln und abseihen; Brühe im Kühlschrank aufbewahren.

6.19 Hirse mit Ei und Butter

Stärkt Blut, Yin und Jing, nährt Yin, stärkt Blut, stärkt Milz, beruhigt Nerven und Magen. Stärkt Milz und Niere, diuretisch. Stärkt Qi und Nieren-Jing, befeuchtet, entspannt, baut Qi auf, verteilt.
Kalorien p. Portion 338
Kochdauer ca. 25 Min.
Thermische Wirkung: kühl

Menge	Zutaten		
1 Tasse	Hirse	empfehlenswert	E
1/2 TL	Ingwer frisch	wenig	M
1 Prise	Salz	ja	W
2 EL	Petersilie	empfehlenswert	H
1 Prise	Rosenpaprika		F
2 Stück	Huhn Ei	wenig	E
2 EL	Butter Bio	ja	E
1 Prise	Muskatnuss	wenig	M
2 Tassen	Wasser	ja	E

Kochanleitung:
Die Hirse mit dem Ingwer und Muskatnuss im Wasser kochen. 1 weiches Ei pro Person kochen und schälen; die Hirse auf Tellern auftürmen und je 1 Ei in eine Mulde im Hirseberg legen; Butterflöckchen darübergeben. Mit gehackter Petersilie und dem Rosenpaprika bestreuen.

6.20 Hühnersuppe mit Angelikawurzel und Bocksdornfrüchten

Stärkt Milz und nährt das Blut und das Yin der Leber. Stärkt Qi und Blut; ist sehr wärmend.
Kalorien p. Portion 77
Kochdauer ca. 1 1/2 Stunden
Thermische Wirkung: warm

Menge	Zutaten		
1/2 Liter	Grundrezept für eine Hühnerbrühe	empfehlenswert	
5 g.	Angelikawurzel		
50 g.	Bocksdornfrüchte (Fructus Lycii) getrocknet		H

Kochanleitung:
Hühnerbrühe laut Grundrezepte. In den letzten 40 Minuten Angelikawurzel und Bocksdornfrüchte mitkochen.
Einnahme: Täglich 2-3 Tassen Brühe trinken.

6.21 Hühnersuppe mit Eigelb und Petersilie

Stärkt Qi und Blut; ist sehr wärmend. Nährt Blut und Leber, harmonisiert Leber und Milz, stärkt Sehkraft, bewahrt die Säfte, zieht zusammen.
Kalorien p. Portion 117
Kochdauer ca. 10 Min. (+Grundrezept)
Thermische Wirkung: warm
Therapeutisches Rezept

Menge	Zutaten		
1/2 Liter	Grundrezept für eine Hühnerbrühe	empfehlenswert	
1 Stück	Huhn Eigelb	empfehlenswert	E
1 EL	Petersilie	empfehlenswert	H

Kochanleitung:
Brühe erhitzen und das Eigelb versprudeln. Die gehackte Petersilie drüberstreuen und ca. 2 Min. ziehen lassen. In kleinen Schlucken trinken.

6.22 Hühnersuppe mit Grünkern, Petersilie und Sake

Stärkt Qi und Blut; ist sehr wärmend. Nährt Leber-Blut, bewahrt die Säfte, zieht zusammen. Zerstreut und bewegt Qi, befeuchtet, reduziert Kälte-Übel, weicht Knoten auf.
Kalorien p. Portion 150
Kochdauer ca. 1 1/2 Stunden
Thermische Wirkung: warm

Menge	Zutaten		
1/2 Liter	Grundrezept für eine Hühnerbrühe	empfehlenswert	
4 EL	Grünkern	wenig	H
2 EL	Petersilie	empfehlenswert	H
1 Schuß	Sake	empfehlenswert	M

Kochanleitung:
Die Zutaten in der Suppe 10 min. ziehen lassen.

6.23 Karottenrohkost

Stärkt Milz und Leber, reguliert Qi-Fluss, befeuchtet, entspannt, baut Qi auf, verteilt. Nährt Säfte, reduziert Magenhitze, stärkt Milz, produziert Essenz, harmonisiert Magen. Kühlt Hitze, bewahrt die Säfte, zieht zusammen.
Kalorien p. Portion 74
Kochdauer ca. 10 Min.
Thermische Wirkung: kühl

Menge	Zutaten		
100 g.	Karotte (Mohrrübe, Möhre)	ja	E
1 Stück	Apfel (süß)	ja	E
2 TL	Zitrone Saft	empfehlenswert	H
1 g.	Zuckerersatz (Süßstoff)		

Kochanleitung:

Zitronensaft mit Süßstoff verrühren. Die gewaschenen, dünn geschälten Karotten und das Apfelstück in die Soße raspeln und untermischen.

6.24 Kartoffeln mit Bärlauch-Topfen

Stärkt Qi, stärkt Milz, lindert Entzündungen. Nährt Blut und Yin, stärkt Zang-Organe, stärkt Magen-Darm, harmonisiert Qi, lindert Alkoholvergiftung, befeuchtet Lunge, bewegt Qi.
Kalorien p. Portion 254
Kochdauer ca. 20 Min.
Thermische Wirkung: kühl

Menge	Zutaten		
300 g.	Kartoffel	ja	E
1 Prise	Salz	ja	W
2 Handvoll	Bärlauch (Knoblauchspinat)		M
250 g.	Topfen 20%	wenig	H
2 EL	Joghurt (Natur, 1,5 % Fett)	weniger als angegeben	F
1 Prise	Salz	ja	W

Kochanleitung:

Kartoffeln in Salzwasser kochen und schälen.
Die Bärlauchblätter werden gewaschen und vorsichtig abgetrocknet und in feine Streifen geschnitten. Topfen, Jogurt und Salz vermischen und die gehackten Bärlauchstücke untermischen. Zu den Kartoffeln servieren.
In der Jahreszeit in der kein Bärlauch wächst kann das Bärlauch-Pesto verwendet werden.

6.25 Klare Ochsenschwanzsuppe mit Bocksdornfrüchten

Stärkt das Qi; nährt das Leber-Blut; bei Augenflimmern oder trockenen Augen, Muskelverspannungen oder Wadenkrämpfen durch Blut-Leere.
Kalorien p. Portion 217
Kochdauer ca. 1-2 Stunden (+Grundrezept)
Thermische Wirkung: warm

Menge	Zutaten		
1 Liter	Grundrezept für eine Rinderbrühe (klar)	ja	
500 g.	Rind Ochsenschwanzstücke		E
4-5 Stück	Shiitake, getrocknet	ja	E

1 Stück	Zwiebel weiss	wenig	M
2 EL	Sake	empfehlenswert	M
1/2 TL	Ingwer frisch	wenig	M
1 EL	Bocksdornfrüchte (Fructus Lycii) getrocknet		H

Kochanleitung:
Shiitakepilze einweichen. Ochsenschwanzscheiben blanchieren; dadurch werden Fett und Unreinheiten entfernt. In der Rinderbrühe weitere 1-2 Stunden kochen. Dann Frühlingszwiebeln, Shiitakepilze, Reiswein, Bocksdornfrüchte und Ingwer zugeben und alles sanft köcheln lassen.

6.26 Kürbiscurry

Stärkt Lunge und Milz, diuretisch, stärkt Qi, schützt Leber. Wärmt Magen und Milz, harmonisiert den Darm, stärkt Qi-Funktion, reduziert Feuchtigkeit. Befeuchtet, entspannt, baut Qi auf, verteilt. Nährt Blut und Leber, harmonisiert Leber und Milz.
Kalorien p. Portion 193
Kochdauer ca. 20 Min.
Thermische Wirkung: warm

Menge	Zutaten		
300 g.	Kürbis	ja	E
2 EL	Olivenöl	wenig	E
1 Prise	Koriander	empfehlenswert	M
1 Prise	Pfeffer (gemahlen)	weniger als angegeben	M
1 Prise	Curry	weniger als angegeben	M
50 ml	Wasser	ja	E
1 Prise	Salz	ja	W
1 EL	Petersilie	empfehlenswert	H
1 Prise	Kardamom		M
1 Prise	Kurkuma (Gelbwurz)		F
1/2 Tasse	Reis Vollkorn	ja	M
3 Tassen	Wasser	ja	E
1 PriseSalz	ja		W

Kochanleitung:
Olivenöl in Pfanne erwärmen. Kürbis in Würfel geschnitten darin andünsten, würzen mit Koriander, Pfeffer und Curry, ablöschen mit wenig Wasser, mit Meersalz salzen, klein geschnittene Petersilie dazugeben mit Kardamom und Kurkuma würzen, auf kleinem Feuer ca. 10 Min. köcheln, je nach Kürbisart, der Kürbis sollte noch bissfest sein.

Den Reis im gesalzenen Wasser zustellen, aufkochen lassen und bei kleiner Hitze ca. 15 Min. Quellen lassen.

6.27 Kürbissuppe

Stärkt Lunge und Milz, diuretisch, stärkt Qi, schützt Leber. Stärkt Qi, stärkt Milz, lindert Entzündungen, befeuchtet, entspannt, baut Qi auf, verteilt. Stärkt Milz und Leber, reguliert Qi-Fluss, befeuchtet, entspannt, baut Qi auf, verteilt.
Kalorien p. Portion 104
Kochdauer ca. 1 Stunde
Thermische Wirkung: warm

Menge	Zutaten		
300 g.	Kürbis	ja	E
2 Stück	Karotte (Mohrrübe, Möhre)	ja	E
2 Stück	Kartoffel	ja	E
1 EL	Olivenöl	wenig	E
1 Stück	Zwiebel weiss	wenig	M
1 Tasse	Wasser	ja	E
1 EL	Petersilie	empfehlenswert	H
1 Prise	Anis (gemeiner Fenchel)	wenig	E
1 Prise	Salz	ja	W

Kochanleitung:
Olivenöl in Pfanne geben, in Würfel geschnittener Kürbis, gewürfelte Karotten und Kartoffel dazugeben, kurz andünsten, klein geschnittene Zwiebel dazugeben, mit Wasser auffüllen, soviel Wasser, dass das Gemüse mind. 3 Fingerbreiten bedeckt ist, Aufkochen lassen und dann auf kleines Feuer stellen.
Mit Meersalz salzen, klein geschnittene Petersilie dazugeben, eine Prise Anis (wenig), evt. noch nachwürzen. Alles zusammen ca. 35 Minuten köcheln lassen. Anschließend die Suppe pürieren und evt. nochmals Wasser dazugeben, je nach Konsistenz der Suppe.

6.28 Linsen-Reis-Eintopf

Stärkt Milz und Leber, reguliert Qi-Fluss, befeuchtet, entspannt, baut Qi auf, verteilt. Wärmt Magen und Milz, harmonisiert den Darm, stärkt Qi-Funktion, reduziert Feuchtigkeit. Bewegt Leber-Qi, kühlt Hitze.
Kalorien p. Portion 232
Kochdauer ca. 25 Min.
Thermische Wirkung: warm

Menge	Zutaten		
100 g.	Linsen (Helmbohnen)	wenig	W
5 Tassen	Wasser	ja	E
1 Tasse	Reis Sorte beliebig	ja	M
1 EL	Sesamöl	ja	E
2 Stück	Karotte (Mohrrübe, Möhre)	ja	E
2 Stangen	Sellerie Stangensellerie	ja	E

1 Prise	Cumin (Kreuzkümmel)	wenig	M
1 Prise	Salz	ja	W
1 Schuß	Essig (Apfelessig)	wenig	H
2 EL	Petersilie	empfehlenswert	H

Kochanleitung:

Linsen einweichen; in einem heißen Topf Sesamöl erhitzen; Karotte und Stangensellerie klein schneiden und andünsten; Reis, eine Prise Cumin und Linsen dazugeben und aufkochen; wenn die Linsen weich sind, Salz zugeben; mit etwas Essig abschmecken und mit Petersilie garnieren.

Variante: Im Sommer kann man das Cumin weglassen und frische grüne Erbsen, Chinakohl oder Stangensellerie dazunehmen.

6.29 Rahmkartoffeln mit Blumenkohl

Stärkt Qi, stärkt Milz, lindert Entzündungen, befeuchtet, entspannt, baut Qi auf, verteilt. Nährt Lungen-Yin, produziert Körpersäfte, kühlt innere Hitze. Stärkt Qi und Nieren-Jing, harmonisiert Leber und Milz, stärkt Sehkraft.
Kalorien p. Portion 332
Kochdauer ca. 30 Min.
Thermische Wirkung: neutral

Menge	**Zutaten**		
150 g.	Kartoffel	ja	E
50 g.	Blumenkohl (Karfiol)	ja	E
3 EL	Kuhmilch (Vollmilch 3,5 % Fett)	ja	E
1 EL	Sahne, süß 30%	wenig	H
1 TL	Butter Bio	ja	E
1 TL	Petersilie	empfehlenswert	H
1 Stück	Huhn Eigelb	empfehlenswert	E

Kochanleitung:

Die Kartoffeln unter fließendem Wasser, den Blumenkohl in stehendem Wasser gründlich waschen. Die Blumenkohlröschen in kleine Knospen teilen, die Stiele in etwa 1 cm große Stücke schneiden. Die Kartoffeln schälen und in etwa 2 cm große Würfel schneiden. Die Milch mit der Sahne in einem Topf erhitzen, die Kartoffeln und den Blumenkohl dazugeben. Bei schwacher Hitze in etwa 15 Minuten garen.
Das Gemüse in einen Warmhalteteller geben, die Butter, die gehackte Petersilie und das Eigelb hinzufügen und alles mit einer Gabel leicht verkneten und mischen.

6.30 Reis mit Pastinake

Reguliert Qi, trocknet aus, leitet nach unten. Wärmt Magen und Milz, harmonisiert den Darm, stärkt Qi-Funktion, reduziert Feuchtigkeit. Befeuchtet, entspannt, baut Qi auf, verteilt. Vertreibt Schleim, leitet nach unten, Aktiviert Wei Qi, stärkt Qi.

Kalorien p. Portion 206
Kochdauer ca. 45 Min.
Thermische Wirkung: kühl

Menge	Zutaten		
1 Tasse	Reis Sorte beliebig	ja	M
2 Tassen	Wasser	ja	E
1 Prise	Salz	ja	W
3-4 Stück	Pastinake	ja	F
1 EL	Olivenöl	wenig	E
1 TL	Salbei	ja	F

Kochanleitung:
Pastinake schälen und in Scheiben schneiden. Kurz in Öl anbraten. Reis hinzugeben und kurz anbraten. Mit Wasser übergießen und mind. 30 min. kochen lassen. Mit wenig frischem gehacktem Salbei bestreuen.

6.31 Reis-Congee mit Honigbirne und schwarzem Sesam

Speziell bei Nieren Yin Mangel. Befeuchtet Lunge, kühlt Hitze, reduziert Lungenschleim, produziert Körpersäfte, befeuchtet, entspannt, baut Qi auf, verteilt. Befeuchtet Darm, nährt Yin.

Kalorien p. Portion 158
Kochdauer ca. 10 Min. (+Grundrezept)
Thermische Wirkung: neutral

Menge	Zutaten		
2 Tassen	Grundrezept für eine Reissuppe (Congee)		
2 Stück	Birne	ja	E
1 TL	Sesam, Schwarzer	empfehlenswert	H

Kochanleitung:
Reis-Congee nach Grundrezept kochen oder vorbereiteten verwenden.

Topf mit 3 cm Wasser befüllen und aufkochen lassen. Birnen vierteln (mit Haut und Kerne) und hineingeben und mit schwarzem Sesam 10 min zugedeckt köcheln lassen. Mit dem Reis mischen.

6.32 Reis-Congee mit Hühnerleber und Bocksdornfrüchten

Wärmt Magen und Milz, harmonisiert den Darm, stärkt Qi-Funktion, reduziert Feuchtigkeit. Nährt Leber-Blut, nährt und stärkt Leber, stärkt Niere, stärkt Blut, macht Augen klar.
Kalorien p. Portion 175
Kochdauer ca. 3 Stunden
Thermische Wirkung: warm

Menge	Zutaten		
5 Tassen	Grundrezept für eine Reissuppe (Congee)		
1/2 Tasse	Huhn Leber	empfehlenswert	E
1/2 Tasse	Bocksdornfrüchte (Fructus Lycii) getrocknet		H
1 Schuß	Sojasauce	wenig	W

Kochanleitung:
Grundrezept für Reis-Congee kochen, Hühnerleber und Bocksdornfrüchte mitkochen; mit Sojasoße abschmecken.

6.33 Reispudding

Nährt Säfte, befeuchtet Trockenheit, Schwächezustände, produziert Körpersäfte, befeuchtet Darm, kühlt innere Hitze, baut Qi auf, verteilt. Wärmt Magen und Milz, harmonisiert den Darm, stärkt Qi-Funktion, reduziert Feuchtigkeit.
Kalorien p. Portion 316
Kochdauer ca. 2 Stunden und mehr
Thermische Wirkung: kühl

Menge	Zutaten		
200 ml.	Kuhmilch (Vollmilch 3,5 % Fett)	ja	E
25 g.	Reis Rundkornreis	ja	M
100 g.	Banane	ja	E
2 TL	Rote Grütze (ohne Zucker)	empfehlenswert	

Kochanleitung:
Die Hälfte der Milch in einem kleinen Topf zum Kochen bringen. Den Reis einstreuen und bei schwacher Hitze etwa 15 Minuten kochen lassen. Die Banane schälen, mit dem Pürierstab fein zermusen und den Rote-Bete-Saft dazugeben. Das Bananenmus unter den heißen Reis ziehen. Eine hübsche Puddingform (etwa 1/4 l Inhalt) mit kaltem Wasser ausschwenken. Den Bananenreis in die Form füllen und den Pudding bei Zimmertemperatur ausquellen lassen. Nach etwa 3 Stunden ist er fest und kann gestürzt werden. Die restliche Milch als Getränk dazugeben.

6.34 Reissuppe mit Ente

Nährt Yin. Wärmt Magen und Milz, harmonisiert den Darm, stärkt Qi-Funktion, reduziert Feuchtigkeit. Nährt Blut und Leber, harmonisiert Leber und Milz. Befeuchtet, entspannt, baut Qi auf, verteilt
Kalorien p. Portion 160
Kochdauer ca. 1 1/2 Stunden
Thermische Wirkung: kühl

Menge	Zutaten		
1 Tasse	Reis Rundkornreis	ja	M
8 Tassen	Wasser	ja	E
250 g.	Ente (Frühmastente, schlachtfrisch)	empfehlenswert	H
4-6 Stück	Shiitake, getrocknet	ja	E
2 EL	Petersilie	empfehlenswert	H
1 TL	Butter Bio	ja	E
1 Schuß	Sojasauce	wenig	W

Kochanleitung:
Shiitakepilze einweichen. Reissuppe nach Grundrezept zubereiten. In den letzten 30 Kochminuten Entenfleisch und Shiitakepilze zugeben. Austernpilze, Petersilie und etwas Butter erst ganz am Ende hineingeben. Mit Sojasoße nachwürzen.
Variante: Eingeweichte und gekochte Adzukibohnen zugeben. Sie verstärken den harntreibenden Effekt.

6.35 Rinderkraftbrühe

Erwärmend und nährend, baut Qi, Blut und Säfte auf.
Kalorien p. Portion 124
Kochdauer ca. 2-6 Stunden
Thermische Wirkung: warm

Menge	Zutaten		
1 Liter	Wasser	ja	E
2 Spritzer	Zitrone	empfehlenswert	H
500 g.	Rind Fleisch	ja	E
2 Stück	Rind Fleischknochen	ja	E
gute Prise	Kurkuma (Gelbwurz)		F
2 Stück	Karotte (Mohrrübe, Möhre)	ja	E
3 cm	Sellerie Knolle	ja	E
1 Stück	Petersilienwurzel		E
1 Stück	Zwiebel weiss	wenig	M
2-3 Blatt	Lorbeerblatt		M
1/2 TL	Koriander	empfehlenswert	M
2 cm.	Ingwer frisch	wenig	M
2 cm.	Wakame	wenig	W
1 Stiel	Petersilie	empfehlenswert	H

Kochanleitung:

Kaltes Wasser aufsetzen (soviel, dass das Fleisch eben bedeckt wird), einige Spritzer Zitronensaft, etwas Kurkuma, Rindfleisch und Knochen dazugeben; zum Kochen bringen und einen Moment sieden lassen; dann die ganze Brühe weggießen, den Topf säubern, Fleisch und Knochen mit heißem Wasser abbrausen (dadurch erspart man sich das Abschäumen) und erneut mit heißem Wasser (Menge nach Belieben) aufsetzen; eine gute Prise Kurkuma, Karotte, Sellerie, Petersilienwurzel in den Topf geben; Zwiebel, Lorbeerblätter, Koriander, ein Stück in Scheiben geschnittenen Ingwer, einen Streifen Wakame, einen Stiel Petersilie dazugeben; alles zusammen aufkochen und 2- 6 Stunden köcheln lassen (wenn das Fleisch anderweitig verwendet werden soll, nimmt man es nach 1 1/2 - 2 Stunden aus der Brühe, sobald es gar ist; die Knochen gibt man zurück in die Brühe); nach Ende der Kochzeit die Brühe durch ein Sieb geben und alle Zutaten wegwerfen.

Hinweise: Je länger die Brühe gekocht hat, um so erwärmender, aber auch nährender ist sie. Sie ist nach dem Abkühlen 3- 4 Tage im Kühlschrank haltbar. Die Brühe kann heiß getrunken werden oder die Basis für Suppen mit Getreide, Kartoffeln und frischem Gemüse bilden.

6.36 Rote Bete-Suppe mit Sauerkraut-Kartoffelplätzchen

Stärkt Milz und Leber, reguliert Qi-Fluss, entspannt, baut Qi auf, verteilt. Stärkt Magen-Qi.
Kalorien p. Portion 128
Kochdauer ca. 30 Min. (+Grundrezept)
Thermische Wirkung: neutral

Menge	Zutaten		
125 g.	Rote Rübe		E
25 g.	Kartoffel	ja	E
1/4 Liter	Grundrezept für eine Gemüsebrühe nahrhaft		
1/4	Zitrone Saft	empfehlenswert	H
1 Prise	Salz	ja	W
1/2 TL	Sesamöl	ja	E
50 g.	Kartoffel	ja	E
1 TL	Butter Bio	ja	E
25 g.	Sauerkraut	wenig	H
1 TL	Sahne sauer 10%		H
1 TL	Sesam, Weißer	empfehlenswert	E
1 Prise	Majoran	wenig	M
1 Prise	Salz	ja	W

Kochanleitung:
Rote Bete und Kartoffeln schälen und in kleine Würfel schneiden, mit der Gemüsebrühe, Sesamöl und dem Zitronensaft aufkochen und 20 Minuten köcheln lassen, bis die Rote Bete weich ist.
Für die Plätzchen werden die Kartoffeln geschält, in dünne Scheiben geschnitten und mit Butter bestrichen. Bei 200° C im Backofen 1/4 Stunde goldgelb backen. Fein gehacktes Sauerkraut in Butter anschwitzen, saure Sahne, Majoran und Salz dazugeben. Diese Masse wird auf die Kartoffelscheiben verteilt, mit Sesamkörnern bestreut und noch einige Minuten bei 200° C überbacken.
Suppe pürieren und mit Salz und Sahne abschmecken. Die fertige Suppe mit den Sauerkraut-Kartoffel-Plätzchen servieren.

6.37 Rote Grütze mit Schlagobers

Baut Blut auf.
Kalorien p. Portion 123
Kochdauer ca. 15
Thermische Wirkung: kühl

Menge	Zutaten		
2 Tassen	Beeren der Saison		H
1 Glas	Traubensaft rot	empfehlenswert	E
1 EL	Zucker Melasse	ja	E
1 Prise	Vanille	ja	E
2 EL	Schlagobers (30 % Fett)		H

Kochanleitung:
Beeren und rote Früchte (Johannisbeeren, Himbeeren, Erdbeeren, Brombeeren und Heidelbeeren) in einen Topf geben. Ein halbes Glas Holundersaft, ein halbes Glas Rotwein oder roten Traubensaft dazugeben. Ein Esslöffel Zuckerrohrmelasse und eine Messerspitze Vanille dazugeben. Ein paar Minuten köcheln und mit ein bisschen Schlagobers servieren.

6.38 Roter Traubensaft mit Eigelb

Kalorien p. Portion 271
Kochdauer ca. 5 Min.
Thermische Wirkung: warm
Therapeutisches Rezept

Menge	Zutaten		
1/4 Liter	Traubensaft rot	empfehlenswert	E
1 Stück	Huhn Eigelb	empfehlenswert	E

Kochanleitung:
Eigelb im Traubensaft verquirlen.

6.39 Rotwein mit Eigelb

Trocknet aus, leitet nach unten.
Kalorien p. Portion 242
Kochdauer ca. 5 Min.
Thermische Wirkung: warm

Menge	Zutaten		
1 Glas	Rotwein	empfehlenswert	F
1 Stück	Huhn Eigelb	empfehlenswert	E

Kochanleitung:
Rohes Eigelb in Rotwein einschlagen. Trinken.

6.40 Russischer Kasha mit Weißkohl

Stärkt Milz Magen und Darm Qi, wirkt leicht erwärmend.
Kalorien p. Portion 250
Kochdauer ca. 30 Min.
Thermische Wirkung: kühl

Menge	Zutaten		
1 Tasse	Buchweizen Vollkorn		H
2 Tassen	Wasser	ja	E
1 Prise	Muskatnuss	wenig	M
1 Prise	Salz	ja	W
1 EL	Petersilie	empfehlenswert	H
1 Prise	Kümmel	wenig	E
1 TL	Butter Bio	ja	E
1 Handvoll	Weißkohl/Weißkraut		E

Kochanleitung:
Buchweizen trocken goldgelb rösten; kochendes Wasser zugießen,
kurz aufkochen und dann quellen lassen, bis er weich ist; Weißkohl fein
raspeln und unterheben mit Muskat, etwas Salz würzen; am Schluss
etwas Petersilie, Kümmel und Butter hinzufügen.

6.41 Sellerie-Kartoffelcreme-Suppe

Stärkt Milz und Leber, reguliert Qi-Fluss. Stärkt Magen-Qi. Stärkt Qi,
lindert Entzündungen, entspannt. Löst Stagnation.
Kalorien p. Portion 112
Kochdauer ca. 45 Min. (+Grundrezept)
Thermische Wirkung: neutral

Menge	Zutaten		
1 EL	Olivenöl	wenig	E
1/2 Stück	Zwiebel weiss	wenig	M
700 ml.	Grundrezept für eine Gemüsebrühe nahrhaft		
200 g	Kartoffel	ja	E

1 Prise	Muskatnuss	wenig	M
1 Prise	Kümmel	wenig	E
1/4 Stück	Zitrone Schale		F
2 EL	Creme fraiche		F
1 Prise	Salz	ja	W
1 EL	Petersilie	empfehlenswert	H

Kochanleitung:

Olivenöl in einem Topf leicht erhitzen. Zwiebeln darin bei milder Hitze ganz weich dünsten. Mit Gemüsebrühe nach Grundrezept aufgießen. Zugedeckt 15 Minuten leicht kochen.

Würfelig geschnittene Kartoffel, kleingeschnittene Sellerie, Muskat, Kümmel und Zitronenschale dazugeben. Suppe zugedeckt 12 Minuten leicht kochen. Kartoffeln und Sellerie sollen weich sein, aber nicht zerfallen. Zitronenschale entfernen.

Mit dem Mixstab oder im Mixer die Suppe mit Creme fraiche fein pürieren. Suppe mit Salz abschmecken.

Suppe portionsweise mit der kleingehackten Petersilie anrichten.

6.42 Spinat mit Sesmammus (Tahin)

Nährt Blut und Yin, stärkt Zang-Organe, stärkt Magen-Darm, harmonisiert Qi, befeuchtet Lunge. Stärkt Qi, stärkt Milz, lindert Entzündungen, befeuchtet, entspannt, baut Qi auf, verteilt. Nährt Blut.
Kalorien p. Portion 150
Kochdauer ca. 20 Min.
Thermische Wirkung: kühl

Menge	Zutaten		
500 g.	Kartoffel	ja	E
1 Prise	Salz	ja	W
1/4 Liter	Wasser	ja	E
1 Kg	Spinat	empfehlenswert	E
2 EL	Sesam Paste (Tahini)	empfehlenswert	E

Kochanleitung:

Kartoffeln kochen und schälen. Wasser erhitzen. Spinat blanchieren. Wasser abschütteln und trocknen lassen und mit Sesammus verrühren.

6.43 Spinatgemüse

Erfrischend, baut Säfte auf. Stärkt Qi, stärkt Milz, lindert Entzündungen, befeuchtet, entspannt.
Kalorien p. Portion 263
Kochdauer ca. 10 Min.
Thermische Wirkung: kühl

Menge	Zutaten		
1 EL	Sesamöl	ja	E
1/2 Stück	Zwiebel weiss	wenig	M
1/2 Zehe	Knoblauch	weniger als angegeben	M
2 Handvoll	Spinat	empfehlenswert	E
1 Prise	Pfeffer (gemahlen)	weniger als angegeben	M
1 Prise	Muskatnuss	wenig	M
1 Prise	Salz	ja	W
2 EL	Sauerrahm 15% Fett	wenig	H
4 Stück	Kartoffel	ja	E
1 Prise	Salz	ja	W

Kochanleitung:

In einem heißen Topf Sesamöl, fein geschnittenen Zwiebel glasig dünsten; wenig Knoblauch mitbraten; in Streifen geschnittenen Spinat etwa 3 Minuten dünsten; gemahlenen Pfeffer, Muskat, Salz, etwas Sauerrahm nach Belieben dazugeben oder den Spinat mit einem großen Klecks Hüttenkäse als Vorspeise servieren.
Nebenbei die Kartoffeln in Salzwasser kochen, dann schälen.

6.44 Suppe mit Eigelb

Stärkt Qi und Yang; ist sehr erwärmend.
Kalorien p. Portion 173
Kochdauer ca. 5 Min. (+Grundrezept)
Thermische Wirkung: warm

Menge	Zutaten		
1/4 Liter	Grundrezept für eine Rinderbrühe (klar)	ja	
1 Stück	Huhn Eigelb	empfehlenswert	E

Kochanleitung:

Suppe aufwärmen und den Dotter einquirrln.

6.45 Süß-pikanter Gerstensalat

Kühlend, nährend und befeuchtend.
Kalorien p. Portion 511
Kochdauer ca. 25 Min.
Thermische Wirkung: kühl

Menge	Zutaten		
200 g.	Wasser	ja	E
100 g.	Gerste	empfehlenswert	E
2 Stück	Apfel (sauer)	wenig	H
1 Handvoll	Trauben rot	empfehlenswert	E
2 EL (entkernt)	Datteln getrocknet	ja	E
1 EL	Mandeln		E
1 Prise	Curry	weniger als angegeben	M
1 Prise	Salz	ja	W

1 Stück	Zitrone Saft	empfehlenswert	H
1/4 Stück	Zitrone Schale		F
1 Prise	Kakao	weniger als angegeben	F
100 ml.	Sahne, süß 30%	wenig	H

Kochanleitung:
Gerste in Wasser kochen. Gekochte Gerste, 2 süße kleingeschnittene Äpfel, eine Handvoll rote Trauben, etwa 80 g entkernte Datteln, etwa 50 g gehackte Mandeln, etwas Curry, eine Prise Salz, Saft von 1 Zitrone, geriebene Zitronenschale, etwas Kakao gut vermischen und 1 Stunde ziehen lassen; 100 ml geschlagene Sahne darunterheben.

Empfehlung: im Sommer als erfrischende Abendmahlzeit.

6.46 Tee Hagebuttentee

Stärkt Milz-Qi.
Kalorien p. Portion 2
Kochdauer ca. 10 Min.
Thermische Wirkung: warm
Therapeutisches Rezept

Menge	Zutaten		
2 EL	Hagebuttentee	wenig	H
1/2 Liter	Wasser	ja	E

Kochanleitung:
Wasser zum sieden bringen und wegstellen. Hagebutten dazugeben und 10 min. ziehen lassen. Ev. mit Honig süßen. Beim eingießen abseihen.

6.47 Tee Rosmarintee

Trocknet aus, leitet nach unten. Stärkt Herz, Lunge und Milz-Qi, Stärkt Leber-Blut. Stärkt Herz-Yin. Vertreibt Milz Hitze/Kälte Feuchtigkeit. Stärkt Milz- und Nieren-Yang
Kalorien p. Portion 1
Kochdauer ca. 15 Min.
Thermische Wirkung: warm
Therapeutisches Rezept

Menge	Zutaten		
2-4 TL	Rosmarin	wenig	F
1/2 Liter	Wasser	ja	E

Kochanleitung:
Wasser zum sieden bringen und wegstellen. Rosmarin dazugeben und 10 min. ziehen lassen. Ev. mit Honig süßen.

6.48 Tee Süßholz-Tee (herzstärkend)

Stärken Milz und Magen-Qi. Nährt Yin von Herz und Niere, befeuchtet, stärkt Herz und Niere, reduziert innere Hitze, bewahrt die Säfte, zieht zusammen.
Kalorien p. Portion 19
Kochdauer ca. 15 Min.
Thermische Wirkung: neutral
Therapeutisches Rezept

Menge	Zutaten		
2-4 TL	Süßholzwurzeltee		
2 EL gehackte	Datteln rot		E
2 TL gemahlen	Weizen	ja	H
1/2 Liter	Wasser	ja	E

Kochanleitung:
Süßholzwurzel, Rote Datteln und Weizen 40 Minuten köcheln, abseihen und den Tee im Kühlschrank aufbewahren. Die Zutaten wegwerfen.

Variante: Dieses Rezept kann mit Hühnerbrühe ergänzt werden; so wird es noch kräftigender.

Abkochung: 2-4 Teel. Süßholz mit 1/2 Liter kaltem Wasser übergießen, zum Sieden erhitzen, 1 Min. kochen, 10 Min. ziehen lassen. 2 mal tägl. 1 Tasse trinken.

6.49 Tee Zitronentee

Kühlt Hitze, bewahrt die Säfte, zieht zusammen.
Kalorien p. Portion 10
Kochdauer ca. 5 Min.
Thermische Wirkung: kalt
Therapeutisches Rezept

Menge	Zutaten		
1 EL	Zitrone Saft	empfehlenswert	H
1 Tasse	Wasser	ja	E

Kochanleitung:
In einer Tasse mit heißem Wasser den Zitronensaft geben. In kleinen Schlucken trinken.

6.50 Traubensaft mit heißem Wasser

Kalorien p. Portion 43
Kochdauer ca. 5 Min.
Thermische Wirkung: neutral
Therapeutisches Rezept

Menge	Zutaten		
1 Tasse	Traubensaft rot	empfehlenswert	E
1 Tasse	Wasser	ja	E

Kochanleitung:
Traubensaft mit heißem Wasser aufgießen.

6.51 Tsampa mit Marmelade oder Obstkompott

Nährt Säfte, reduziert Magenhitze, stärkt Milz, produziert Essenz,
harmonisiert Magen. Nähren Yin, befeuchten, befeuchtet Darm.
Kalorien p. Portion 280
Kochdauer ca. 5 min.
Thermische Wirkung: kühl

Menge	Zutaten		
3 EL	Tsampa (geröstetes Gerstenmehl)	empfehlenswert	E
6-8 EL	Wasser	ja	E
1/2 TL	Butter Bio	ja	E
1 EL	Erdbeermarmelade		H
2 TL	Sonnenblumenkerne	empfehlenswert	E
1 Stück gerieben	Apfel (süß)	ja	E

Kochanleitung:
Tsampa mit kochendem Wasser übergießen und mit einem Löffel
umrühren bis ein Brei entsteht.
Butter, Marmelade, Sonnenblumenkerne und geriebenen Apfel
dazugeben.
Süßen nach Geschmack mit Honig, Vollrohrzucker, oder Gerstenmalz
Gewürze und Kräuter: frische Minze, Vanille oder Kakao, Anis, Zimt

Sommer: Marmelade oder Kompott nach Wahl
Winter: Nüsse und Apfel oder Birne

6.52 Überbackenes Chicoréegemüse

Erfrischend, bringt das Qi nach unten.
Kalorien p. Portion 230
Kochdauer ca. 20 Min.
Thermische Wirkung: kühl

Menge	Zutaten		
4 Stück	Chicorée	empfehlenswert	F
2 EL	Sahne, süß 30%	wenig	H
2 EL	Brösel (Weizenbrot, Semmel)		H
1/2 Tasse	Reis Basmatireis	ja	M
3 Tassen	Wasser	ja	E
1 Prise	Salz	ja	W

Kochanleitung:

In heißem Wasser Chicorée im Ganzen etwa 5 Minuten blanchieren; in eine Auflaufform geben; etwas süße Sahne darübergeben; Semmelbrösel über den Chicoree geben und überbacken.

Den Reis im gesalzenen Wasser zustellen, aufkochen lassen und bei kleiner Hitze ca. 15 Min. Quellen lassen.

6.53 Wärmender Haferflockenbrei

Stärkt Qi und Abwehrkraft.
Kalorien p. Portion 357
Kochdauer ca. 10 Min.
Thermische Wirkung: warm

Menge	Zutaten		
6 EL	Hafer Flocken (Vollkorn)	wenig	M
3 Stück	Feige getrocknet	ja	E
1 Stück	Sternanis	wenig	M
1 Prise	Ingwer frisch	wenig	M
1 Tasse	Wasser	ja	E
1 EL	Ahornsirup	ja	E
1 EL gehackte	Walnüsse	empfehlenswert	E

Kochanleitung:

Trockenfrüchte einweichen. Haferflocken trocken anrösten; Trockenfrüchte, Sternanis oder Zimt, etwas geriebenen Ingwer dazugeben und alles mit Wasser zu einem Brei kochen. Mit Ahornsirup süßen. Walnüsse rösten und vor dem Servieren drüberstreuen.
Wirkung: Eignet sich gut für die kalte Jahreszeit.
Vorsicht: Frischen Ingwer nicht über einen längeren Zeitraum trinken.

6.54 Weizenfrischkornbrei mit Birnen

Befeuchtet Lunge, kühlt Hitze, reduziert Lungenschleim. Nährt Yin von Herz und Niere, stärkt Herz und Niere. Befeuchtet, entspannt, baut Qi auf, verteilt.
Kalorien p. Portion 309
Kochdauer ca. 25 Min.
Thermische Wirkung: kühl

Menge	Zutaten		
1 Tasse	Weizen	ja	H
2-4 Tassen	Wasser	ja	E
2 Stück	Birne	ja	E
1 EL	Rosinen	ja	E
1 EL	Sesam, Weißer	empfehlenswert	E
1 EL	Sonnenblumenkerne	empfehlenswert	E
1 Prise	Kardamom		M
1 Prise	Salz	ja	W

Kochanleitung:
Vorbereitung am Vorabend: Weizen grob schroten; über Nacht einweichen.

Am Morgen: Mit etwas heißem Wasser den Weizenschrot aufsetzen; etwa 15 Minuten unter Rühren köcheln; währenddessen, Birnenkompott, Rosinen, zerstoßenen Sesam, Sonnenblumenkerne, etwas gemahlenen Kardamom, eine kleine Prise Salz dazugeben.

Varianten: mit geriebenem Apfel oder mit Obst der Saison.

7 Wirkung der Lebensmittel

7.1 Zutaten verwenden: empfehlenswert

7.2   Zutaten verwenden: ja

7.3   Zutaten verwenden: wenig

7.4 Kontraindikativ wirkende Lebensmittel nicht verwenden

Amaranth	Kiwi
Ananas	Klettenwurzeltee
Ananas (aus der Dose)	Knoblauch
Ananassaft ungezuckert	Krabbe
Avocado	Lachs
Bambussprossen	Lamm Fleisch
Basilikum	Lamm Knochen
Basilikum (frisch)	Lamm Nieren
Boxhornkleesamen	Lamm Schulter
Chili (Schote oder gemahlen)	Liebstöckel
Curcuma (Gelbwurz)	Löwenzahn (junger)
Curry	Löwenzahnwurzeltee
Currypaste rot	Makrele
Enziantee	Mango
Getreidekaffee	Maulbeerfrucht
Grapefruit/Pampelmuse	Meeräsche
Grapefruitsaft	Meereskrebs
Grüner Tee	Miesmuscheln
Gurke	Mohn
Haifisch	Mungobohnensprossen
Hammel	Orangensaft
Hering	Papaya
Honig	Paprika (Rosenpaprika)
Honigmelone	Pfeffer (gemahlen)
Ingwer Pulver	Pfeffer Cayenne
Joghurt (Natur, 1,5 % Fett)	Pfeffer Körner
Joghurt (Natur, 3,5 % Fett)	Pfeffer weiss (gemahlen)
Kabeljau	Pflaume
Kaffee	Piment
Kakao	Rettich (weiß, grün, lila-rot)
Karambole/Sternfrucht	Rhabarber
Karausche	Rosenkohl

Rotbarsch
Rucola (Rauke)
Sardellen/Sardine
Sauerampfer
Schaffleisch
Schafgarbentee
Schafskäse
Schafsmilch
Schimmelkäse
Schnaps
Scholle
Schwarztee
Spargel (grün oder weiß)
Tomate
Wacholderbeere
Wassermelone

Weizen Bier
Yogitee
Ysop
Ziege
Ziegen- und Schafsmilch
Ziegenkäse
Zimtpulver
Zimtstange
Zitrone, Limette
Zucker (weiß, aus Rüben)
Zucker Fructose Fruchtzucker
Zucker Glukose Traubenzucker
Zucker Kandis weiß
Zucker Milchzucker
Zucker Ursüße (Zuckerrohr)

8 Therapeutische Kräuter und deren Wirkungen

8.1 Ingwer frisch

Zubereitung: Dekokt (Abkochung)
Stärkt Säfteproduktion, reduziert Kälte-Übel, regt an, stimuliert die Yang-Energie, wärmt die Lungen- und Magen-Energie.
Dosierung: Abkochung mit 10 g in zwei Dosen auf leeren Magen trinken, zur Geschmacksverbesserung eignet sich brauner Rohzucker.
Besonderheiten: In der TCM wird die frische Ingwerwurzel hauptsächlich gegen Fischvergiftung sowie Erkältungen von Lunge und Magen verwendet. Da Ingwer die Nährstoffaufnahme fördert, wird er häufig in unterschiedlichen Rezepturen eingesetzt, um die rasche Aufnahme anderer Kräuter zu erleichtern und deren Wirkung dadurch zu verstärken. Ingwer enthält das verdauungsfördernde Enzym Zingibain. Die verdauungsfördernde Wirkung dieses Stoffes ist stärker als die des Enzyms Papain.

8.2 Melisse

Zubereitung: Heil-Tee (Aufguss)
Bewahrt die Säfte, zieht zusammen, Beruhigt Le-Feuer, beruhigt Shen, stärkt das Blut, regt Lungen Qi an.
Wirkstoffe: Citronellal, Citral, Caryophyllen, Gerb-u. Bitterstoffe, Flavonoide

8.3 Schafgarbe

Zubereitung:
Schafgarbe mit kochendem Wasser übergießen und 5 - 10 Minuten zugedeckt ziehen lassen.

9 Kräuter aus den Rezepten und deren Wirkungen

9.1 Basilikum

Trocknet aus, leitet nach unten.

9.2 Koriander

Schweiß treibend, reduziert Wind.

9.3 Kresse

Bewegt Qi und Blut, diuretisch, kühlt bei innerer Hitze, befeuchtet Lunge, löst Stagnation, leitet nach oben.

9.4 Lauchzwiebel Schnittlauch

Leitet nach oben.

9.5 Liebstöckel

Reduziert inneren Wind, Feuchtigkeit, löst Stagnation, leitet nach oben.

9.6 Majoran

Löst Stagnation, leitet nach oben.

9.7 Petersilie

Nährt Blut und Leber, harmonisiert Leber und Milz, stärkt Sehkraft, bewahrt die Säfte, zieht zusammen.

9.8 Rosmarin

Trocknet aus, leitet nach unten. Stärkt Herz, Lunge und Milz-Qi, Stärkt Leber-Blut. Stärkt Herz-Yin. Vertreibt Milz Hitze/Kälte Feuchtigkeit. Stärkt Milz- und Nieren-Yang

9.9 Salbei

Vertreibt Schleim, leitet nach unten, Aktiviert Wei Qi, stärkt Qi.

10 Grundlagen der Ernährung

Die hier beschriebenen Grundlagen der Ernährung zeigen allgemeine Empfehlungen und beziehen sich nicht auf eine spezielle Therapieform. Die Empfehlungen der Therapie haben Vorrang.

10.1 Ernährung

Die regelmäßige Einnahme von Mahlzeiten in entspannter Atmosphäre. Ein wärmendes Frühstück gilt als guter Start in den Tag. Mittags sollte die Hauptmahlzeit stattfinden - das Abendessen am frühen Abend.

Die Beachtung von Hunger- und Sättigungsgefühlen: Nicht überessen und nicht hungern, so lautet die Regel.

Die frische Zubereitung der Speisen aus naturbelassenen, regionalen Produkten. Tiefgekühlte, hitzekonservierte, industriell vorgefertigte oder mikrowellengegarte Lebensmittel werden abgelehnt.

Die Auswahl von Lebensmittel nach der Jahreszeit: Im Sommer mehr kühlende Nahrung, im Winter mehr wärmende Nahrung.

Mindestens zweimal am Tag Gekochtes essen. Speisen und Getränke sollen möglichst handwarm, niemals eiskalt oder heiß sein.

Rohkost, kurz gegartes Gemüse, frisch gepresste Säfte und Mineralwasser werden üblicherweise nicht empfohlen. Milch und Milchprodukte stehen nur dann auf dem Speiseplan, wenn sie problemlos vertragen werden.

Therapeutische Rezepte nicht über einen längeren Zeitraum ohne Rücksprache mit dem Arzt oder Therapeuten einnehmen.

1. Vielseitig essen

Lebensmittelvielfalt genießen. Merkmale einer ausgewogenen Ernährung sind abwechslungsreiche Auswahl, geeignete Kombination und angemessene Menge nährstoffreicher und energiearmer Lebensmittel. (Einerseits Schutz vor Unterversorgung mit essentiellen Nährstoffen und andererseits Schutz vor einer überhöhten Zufuhr unerwünschter Inhaltsstoffe.)

2. Reichlich Getreideprodukte - und Kartoffeln

Brot, Nudeln, Reis, Getreideflocken (am besten aus Vollkorn), sowie

Kartoffeln enthalten kaum Fett, aber reichlich Vitamine, Mineralstoffe, Spurenelemente sowie Ballaststoffe und sekundäre Pflanzenstoffe. Diese Lebensmittel sollten mit möglichst fettarmen Zutaten verzehrt werden.

3. Gemüse und Obst - Nimm "5" am Tag ...

5 Portionen Gemüse und Obst am Tag, möglichst frisch, nur kurz gegart, oder auch eine Portion als Saft – idealerweise zu jeder Hauptmahlzeit und auch als Zwischenmahlzeit: Damit werden reichlich Vitamine, Mineralstoffe sowie Ballaststoffe und sekundären Pflanzenstoffe (z.B. Carotinoiden, Flavonoiden) zugeführt. Das Beste, was man für die eigene Gesundheit tun kann.

4. Täglich Milch und Milchprodukte, ein- bis zweimal in der Woche

Fisch; Fleisch, Wurstwaren sowie Eier in Maßen. Diese Lebensmittel enthalten wertvolle Nährstoffe, wie z.B. Calcium in Milch, Jod, Selen und Omega-3-Fettsäuren in Seefisch. Fleisch ist wegen des hohen Beitrags an verfügbarem Eisen und an den Vitaminen B1, B6 und B12 vorteilhaft. Mengen von 300 - 600 g Fleisch und Wurst pro Woche reichen hierfür aus. Fettarme Produkte bevorzugen, vor allem bei Fleischerzeugnissen und Milchprodukten.

5. Wenig Fett und fettreiche Lebensmittel

Fett liefert lebensnotwendige (essenzielle) Fettsäuren und fetthaltige Lebensmittel enthalten auch fettlösliche Vitamine. Fett ist besonders energiereich, daher kann zu viel Nahrungsfett Übergewicht fördern, möglicherweise auch Krebs. Zu viele gesättigte Fettsäuren fördern langfristig die Entstehung von Herz-Kreislauf-Krankheiten. Pflanzliche Öle und Fette bevorzugen (z.B. Raps-, Oliven- und Sojaöl und daraus hergestellte Streichfette). Auf unsichtbares Fett achten, das in Fleischerzeugnissen, Milchprodukten, Gebäck und Süßwaren sowie in Fast-Food- und Fertigprodukten meist enthalten ist. Insgesamt 70 - 90 Gramm Fett pro Tag reichen aus.

6. Zucker und Salz in Maßen

Nur gelegentlich Zucker und Lebensmittel, bzw. Getränke verzehren, die mit verschiedenen Zuckerarten (z.B. Glucosesirup) hergestellt wurden. Kreativ mit Kräutern und Gewürzen und wenig Salz würzen. Jodiertes Speisesalz bevorzugen.

7. Reichlich Flüssigkeit

Wasser ist absolut lebensnotwendig. Jeden Tag rund 1-2 Liter Flüssigkeit trinken. Wasser (ohne oder mit Kohlensäure) und andere kalorienarme Getränke bevorzugen. Alkoholische Getränke sollten nicht konsumiert werden.

8. Schmackhaft und schonend zubereiten

Die jeweiligen Speisen bei möglichst niedrigen Temperaturen garen, soweit es geht kurz, mit wenig Wasser und wenig Fett - das erhält den natürlichen Geschmack, schont die Nährstoffe und verhindert die Bildung schädlicher Verbindungen.

9. Sich Zeit nehmen und das Essen genießen

Bewusstes Essen hilft, richtig zu essen. Auch das Auge isst mit. Sich beim Essen Zeit lassen. Das macht Spaß, regt an, vielseitig zuzugreifen und fördert das Sättigungsempfinden.

10. Auf das Gewicht achten und in Bewegung

Ausgewogene Ernährung, viel körperliche Bewegung und Sport (30 bis 60 Minuten pro Tag) gehören zusammen. Mit dem richtigen Körpergewicht fühlt man sich wohl und fördert die Gesundheit.
Thermik, Wirkrichtung, Verdauungskraft
Es gibt unterschiedliche Kriterien, die Wirksamkeit von Kräutern und Lebensmittel zu beurteilen. Der Einsatz der Kräuter und Zutaten basiert auf Beobachtung, was die Lebensmittel, Kräuter und Gewürze nach ihrem Verzehr im Körper bewirken. In der Medizin hat sich daraus folgendes System entwickelt: Jede Zutat oder Kraut hat eine Wirkrichtung. Außerdem gibt es noch Kräuter, die eine besondere Wirkung auf bestimmte Organe haben.

Voraussetzung für einen gesunden Stoffwechsel ist es, darauf zu achten, dass wir ausreichend Energie aus der Nahrung gewinnen und der Verdauungsprozess so wenig Energie wie möglich verbraucht. Eine bekömmliche Mahlzeit macht zufrieden und satt, verursacht keine Blähungen und keine Müdigkeit nach dem Essen. Richtiges Würzen erhöht die Bekömmlichkeit unserer Speisen. Es genügen oft schon geringe Mengen an Kräutern und Gewürzen. Sie dienen nicht dazu, uns satt zu machen, sondern helfen unseren Verdauungsorganen, die Nahrung zu verdauen.

10.2 Rezepte

Die Rezepte zeigen Ihnen welche Zutaten verwendet werden, sowie mit der Kochanleitung wie diese zubereitet werden. Bei den Zutaten wird neben den Mengenangaben auch die Wichtigkeit für die Therapie, das Wärmeverhalten sowie das Element angezeigt. Wenn dabei angezeigt wird "weniger als angegeben" versuchen Sie diese Empfehlung einzuhalten oder eine Alternative aus der Liste der "Empfohlenen Lebensmittel" zu finden. Meistens ist es nur eine leichte geschmackliche Änderung wenn Sie diese Zutat gänzlich weglassen.

Schonende Kochmethoden: Kochen, dämpfen, pochieren, dünsten
Scharfe Kochmethoden: Grillen, rösten, anbraten, räuchern
Ausgeglichene Kochmethoden: Frittieren, Römertopf

Auf das Einfrieren und erwärmen in der Mikrowelle sollte verzichtet werden (Denaturierung).

10.2.1 Rezepte nach Folge der Elemente kochen

In der TCM werden die Zutaten der Rezepte möglichst in der Reihenfolge der Elemente verwendet, welches eine erhöhte Bekömmlichkeit und energetische Qualität ergibt. Den Beginn macht die Kochmethode mit der begonnen wird. Wird in einer Pfanne oder Topf etwas erwärmt ist das Element das Feuer. Diese 5 Elemente stehen in Beziehung zueinander und haben eine natürliche Reihenfolge, die den Jahreszeiten entspricht.
Metall - Wasser - Holz - Feuer - Erde.
So stärkt das jeweilige Element das das ihm nachfolgende. Die Zutaten können dann in Gruppen der jeweiligen Elemente beigegeben werden. Es sollten nach Möglichkeit immer alle 5 Elemente in einer Speise vorhanden sein. Das Element mit dem man aufhört, ist am wirksamsten. Das bedeutet, gebe Sie am Ende noch etwas Petersilie über das Gericht, hat es den größten Einfluss auf die Leber, da sowohl Petersilie als auch die Leber zum Holzelement zählen.

Wenn Sie nach dieser Methode kochen wollen, sollten Sie bei einem TCM-Ernährungsberater oder einem TCM-Kochkurs weitere Feinheiten kennen lernen. Grundlagen sehen Sie auf:
https://de.wikipedia.org/wiki/Fünf-Elemente-Lehre

Organ	Element
Leber, Galle	Holz
Herz, Dünndarm	Feuer
Milz, Magen	Erde
Lunge, Dickdarm	Metall
Nieren, Blase	Wasser

10.3 Lebensmittel

In der Traditionell Chinesischen Medizin werden alle Lebensmittel den 5 Elementen Holz, Feuer, Erde, Metall und Wasser zugeordnet.

Lebensmittel wirken wie Heilkräuter auf Körper und Geist, nur wesentlich sanfter. Die Ernährungsberatung stützt sich hauptsächlich auf heimische Lebensmittel. Das Wissen über die Wirkungsweisen jedes einzelnen Lebensmittels und das Wissen wann welche Lebensmittel zur Anwendung kommen, entstammt der Schulmedizin. Verwende Sie möglichst Erzeugnisse aus ökologischen-biologischem Landbau.

Da wegen der besseren Verdaulichkeit grundsätzlich alles lange gekocht und kaum roh gegessen wird, ist die Verträglichkeit hervorragend.

Die Einteilung der Lebensmittel entsprechend ihrer Wirkung auf den Körper und bildet die Basis, um einen ausgewogenen und harmonischen Gesundheitszustand im Körper zu erreichen.

Grundsätzlich empfiehlt die Ernährungsberatung keine bestimmten Lebensmittel für Jedermann. Ausschlaggebend für den individuellen Speiseplan ist vor allem die persönliche Konstitution.

Kaufen Sie nur frisches und reifes Obst und Gemüse ein. Braune Stellen, welke Blätter aber auch unreifes Obst und Gemüse sollten Sie im Supermarkt zurücklassen. Greifen Sie dann zu Tiefkühlware (keine Fertiggerichte!). Tiefkühlobst und -gemüse werden kurz nach dem Ernten schockgefroren und enthalten deshalb oftmals mehr Vitamine und Mineralstoffe, als die Ware aus der Obst- und Gemüsetheke! Konserven- und Dosenware dagegen enthält wesentlich weniger Biostoffe. Zudem werden Letztere meist mit Salz, Zucker usw. angereichert. Lassen Sie die Zutaten nach dem Waschen nie im Wasser liegen, denn so gehen viele Vitalstoffe ins Wasser über! Putzen Sie Salate, Früchte und Gemüse erst unmittelbar vor Verzehr.

Beachten Sie bitte die hygienische Verarbeitung der Lebensmittel. Waschen Sie Ihre Salate, Früchte und Gemüse gründlich. Bei Gerichten mit Fleisch bereiten Sie zuerst die Zutaten vor und verarbeiten dann die Fleischprodukte. Reinigen Sie danach die Arbeitsflächen und Werkzeuge besonders gründlich. Holzunterlagen sollten regelmäßig mit leichtem Desinfektionsmittel behandelt werden um die Keimbildung einzuschränken.

Bewahren Sie Obst und Gemüse möglichst getrennt voneinander auf. Auch geerntete Früchte und Gemüse leben und strömen z.B. Ethylengas aus, das andere Sorten schneller reifen und altern lässt. Fleisch und Fisch in der verschlossenen Verpackung lassen oder in luftdichten Boxen im Kühlschrank aufbewahren.

10.4 Kräuter

Bei der Aufbewahrung und Lagerung von Heilkräutern, müssen gewisse Grundregeln beachtet werden. Grundsätzlich müssen Heilkräuter geschützt vor direkter Sonneneinstrahlung, vor Feuchtigkeit und vor heißen Temperaturen gelagert werden.

Als Gefäße für die Lagerung von Heilkräutern können Gläser, Keramik-Behälter und zur Not auch Plastik-Dosen eingesetzt werden. Plastik ist aber ein sehr unreines Material und sollte daher wirklich nur eine kurzfristige Notlösung sein. Bei Glasbehältern ist darauf zu achten, dass dunkles Glas verwendet wird.

Heilkräuter können nicht beliebig lange aufbewahrt werden. Die Haltbarkeit von Heilkräutern ist auf jeden Fall begrenzt. Durch die Haltbarkeitsdauer kann durch sachgerechte Lagerung wesentlich erhöht werden. So soll der Lagerplatz dunkel, eher kühl und absolut trocken sein. Ein Medizinschrank aus Holz, der nicht direkt bei einer Wärmequelle platziert ist wäre ideal. Um Ihre Heilkräuter nicht wegwerfen zu müssen, kaufen Sie nicht zu große Mengen an Heilpflanzen. Beschriften Sie die Behälter mit dem Namen des Heilkrauts und dem Datum der Ernte bzw. der Verarbeitung.

11 Weitere Ernährungsvorschläge

Folgende Syndrome der Diätetik, der TCM oder als Therapieergänzung bei Krebs sind verfügbar.

DIÄTETIK
1. Ernährung des Säuglings - Beikost
2. Ernährung in der Stillzeit
3. Ernährung im Alter
4. Ernährung von Kindern und Jugendlichen
5. Ernährung von Sportlern
6. Leichte Vollkost
7. Schwangerschaft
8. Vollkost

Eiweiß und Elektrolyt – Nieren
9. (Hämo-)Dialysebehandlung
10. Akutes Nierenversagen
11. Chronische Niereninsuffizienz
12. Nephrotisches Syndrom
13. Nierensteine (Nephrolithiasis)

Gastrointestinaltrakt - Bauchspeicheldrüse
14. Akute Pankreatitis (Entzündung der Bauchspeicheldrüse)
15. Chronische Pankreatitis (Entzündung der Bauchspeicheldrüse)

Gastrointestinaltrakt - Dünndarm und Dickdarm
16. Akute Obstipation (Verstopfung)
17. Chronische Obstipation (Verstopfung)
18. Colon irritabile
19. Divertikulitis
20. Erworbene Laktoseintoleranz (Laktosemalabsorption)
21. Fruktosemalabsorption
22. Glutensensitive Enteropathie (Zöliakie)
23. Kolektomie
24. Kurzdarmsyndrom

Gastrointestinaltrakt - Leber, Gallenblase, Gallenwege
25. Akute und chronische Hepatitis (Entzündung der Leber)
26. Cholelithiasis (Gallensteine)
27. Fettleber
28. Leberzirrhose

Gastrointestinaltrakt - Magen und Zwölffingerdarm
29. Akute Gastritis
30. Chronische Gastritis
31. Magenblutung
32. Ulcus ventriculi und Ulcus duodeni
33. Zustand nach Magenoperation

Gastrointestinaltrakt - Mundhöhle und Speiseröhre
34. Mundschleimhautentzündung
35. Ösophaguskarzinom (Speiseröhrenkrebs)
36. Reflüxösophagitis (Sodbrennen)

spezielle Krankheiten
37. Phenylketonurie (PKU)

38. Rheumatische Gelenkserkrankungen
Stoffwechsel
39. Adipositas (Übergewicht)
40. Diabetes mellitus
41. Essstörungen (Untergewicht)
Fettstoffwechsel
42. Hypercholesterinämie (erhöhter Cholesterinspiegel)
43. Hepatische Enzephalopathie
Herz- und Kreislauf
44. Arteriosklerose (Arterienverkalkung)
45. Herzinsuffizienz
46. Hypertonie (Bluthochdruck)
47. Hyperurikämie und Gicht
veränderter Nährstoffbedarf
48. bei Fieber
49. bei malignen Erkrankungen
50. nach Verbrennungen
51. Strahlen- und Chemotherapie

KREBS
100. Bauchspeicheldrüse
101. Blasenkrebs
102. Blutkrebs (Leukämie)
103. Brustkrebs
104. Darmkrebs
105. Magenkrebs
106. Nierenkrebs
107. Speiseröhrenkrebs

TCM
200. Blase - Feuchte Hitze in der Blase
201. Blase - Feuchtigkeit und Kälte in der Blase
202. Blase - Leere und Kälte in der Blase
203. Dickdarm - äussere Kälte befällt den Dickdarm
204. Dickdarm - Feuchte Hitze im Dickdarm
205. Dickdarm - Hitze blockiert den Dickdarm II akut
206. Dickdarm - Trockenheit des Dickdarms
207. Dickdarm - Yang Mangel (Kälte)
208. Herz - Blut Mangel
209. Herz - Blut Stagnation
210. Herz - Feuer
211. Herz - Heisser Schleim verstopft die Herzporen
212. Herz - Kalter Schleim verstopft die Herzporen
213. Herz - Qi Mangel
214. Herz - Yang Mangel
215. Herz - Yin Mangel
216. Leber - aufsteigender Leber-Yang
217. Leber - Blut-Mangel
218. Leber - Blut-Stagnation
219. Leber - feuchte Hitze in Leber und Gallenblase
220. Leber - Feuer
221. Leber - Gallenblase Qi-Leere
222. Leber - Kälte im Lebermeridian

12 EBNS - Software für die Ernährungsberatung

Die Hauptaufgabe der Datenbank ist eine „**personalisierte Ernährungsberatung**" für jeden Patienten individuell. Die Datenbank wurde für die Diätetik und Traditionellen Chinesischen Medizin entwickelt. Sie Unterstützt bei der Ausbildung und Beratung im Arbeitsalltag.

Das Computerprogramm liefert Listen von Rezepten, Zutaten und Kräuter, welche dem Klienten mitgegeben werden. Individuell nach Patienten-Wunsch von Vollkost bis Vegetarier (Lacto-, Ovo-, ...) einstellbar. Zu jedem Register gibt es ein INFOBLATT welches einmal dem Klienten mitgegeben werden kann.

Die Syndrome sind kombinierbar und ergeben eine Schnittmenge der empfehlenswerten Rezepte und Zutaten. Die automatisierte Diagnose für die TCM ermöglicht Ihnen während der Ausbildung Ihre Erfahrungen zu überprüfen sowie im Arbeitsalltag ihre Diagnose zu bestätigen. Sie wählen mehrere vordefinierte Symptome und lassen sich vom Programm die relevanten Syndrome automatisch anzeigen.

Wie Sie mit der Datenbank arbeiten können:
Sie können alle Werte verändern, neue Symptome oder Syndrome anlegen, Rezepte entwickeln, verändern oder Zutaten und Kräuter an Ihre Erkenntnisse anpassen. In der einfachen Klientenverwaltung werden alle relevanten Daten zu der Person gespeichert. Sie bekommen einen Überblick über die zurückliegenden Diagnosen und die Entwicklung des Krankheitsverlaufes.

Als Berater sparen Sie viel Zeit, wenn Sie für die erkannten Syndrome die Rezept-, Lebensmittel- und Kräuterlisten ausdrucken und den Klienten mitgeben. Diese Zeit können Sie für das persönliche Gespräch nutzen.

Alle Rezept- und Lebensmittellisten können Sie auch als Kombination mehrerer Erkrankungen bestellen. Mit der Datenbank können Sie außerdem für jedes Rezept die Nährstoffe und Spurenelemente angezeigt bekommen und Rezepte für Syndrome selbst mit vorgeschlagenen Zutaten entwickeln.

Weitere Informationen finden Sie auf http://www.ebns.at.
Josef Miligui, Tel.: +43 660 121 05 00